Was ich gegen die Homosexualität meines Kindes unternehmen kann.

Der Ratgeber mit der einzig wahren Handlungsempfehlung.

Auflage 1

Alexander Lehmann
www.alexlehmann.org

Alexander Lehmann

Was ich gegen die Homosexualität meines Kindes unternehmen kann.

Ratgeber

Bibliografische Information der Deutschen Nationalbibliothek:
Die Deutsche Nationalbibliothek verzeichnet diese Publikation in
der Deutschen Nationalbibliografie; detaillierte bibliografische
Daten sind im Internet über http://dnb.dnb.de abrufbar.

Herstellung und Verlag: BoD – Books on Demand, Norderstedt

ISBN: 978-3-7519-1511-3

Kapitel eins

Nichts.

Nichts.

Nichts.

Nichts.

Nichts.

Nichts.

Nichts.

Nichts.

Nichts.

Nichts.

Nichts.

Nichts.

Nichts.

Nichts.

Nichts.

Nichts.

Nichts.

Nichts.

Nichts.

Nichts.

Nichts.

Nichts.

Nichts.

.

Nichts.

Nichts.

Nichts.

Nichts.

Nichts.

Kapitel zwei

Haben Sie sich von diesem Buch etwas anderes erhofft?

Wenn Sie diese Frage bejaht haben, kann ich Ihnen nur empfehlen, über Ihre Einstellung gründlich nachzudenken. Es ist in diesem Fall nicht Ihr Kind, das verändert werden sollte, sondern Ihre Denkweise.

Unterstützen Sie Ihr Kind auf diesem schweren Weg des Coming-out. Sie können sich nicht vorstellen, wie schwer es Ihrem Kind gefallen ist, sich einzugestehen, eine andere sexuelle Orientierung oder eine andere sexuelle Identität zu haben als die Mehrheit in der Gesellschaft.

Homosexualität ist nichts Schlimmes. Sie zählt zu den Eigenschaften Ihres Kindes, genau wie seine Haarfarbe, seine Größe und sein Charakter. Ihr Kind wurde mit dieser Eigenschaft geboren. Es ist an der Zeit, dass Sie genau diese Eigenschaft an Ihrem Kind akzeptieren und Ihrem Kind die größtmögliche Unterstützung zukommen lassen, die notwendig ist.

Bei Fragen stehen Ihnen bundesweit zahlreiche Institutionen zur Verfügung, die sie beraten, wie auch Ihr Kind unterstützen können. Nutzen Sie die leeren Seiten dieses Buches gern für Ihre Notizen.

Ein Teil der Erlöse aus diesem Buch, werden der LGBT-Community gespendet. Sie haben mit dem Kauf dieses Buches bereits etwas Gutes getan. Dafür danke ich Ihnen herzlich!

Herzlichst,

Ihr Alex Lehmann

Über den Autor dieses Buches

Alex Lehmann wurde 1997 in Rüdersdorf bei Berlin geboren. Er wuchs in Rüdersdorf und Seelow auf, bis es ihn nach Frankfurt (Oder) zog.

Bereits als junger Mensch engagierte sich Alex Lehmann politisch und gesellschaftlich. Seit 2013 organisierte er im Landkreis Märkisch-Oderland zahlreiche Aktionen. Jedes Jahr organisiert er das öffentlichkeitswirksame Hissen der Regenbogenfahnen vor Verwaltungshäusern in Märkisch-Oderland und sammelt zum Welt-Aids-Tag spenden für die Aids-Hilfe.

Für Bündnis 90/Die Grünen kandidierte Alex Lehmann im Jahr 2017 für das Amt des hauptamtlichen Bürgermeisters der Kreisstadt Seelow. Zuvor wurde er von den Mitgliedern der Partei in den Kreisvorstand gewählt. Mit 19 Jahren war er bisher der jüngste Kandidat für das Amt des Bürgermeisters im Land Brandenburg.

Inhaltliche Differenzen sorgten für den Austritt aus seiner Partei. Seither ist er Mitglied der CDU Brandenburg und engagiert sich für die LSU, den Lesben und Schwulen in der Union.

Alex Lehmann ist Mitglied in zahlreichen Vereinen, die sich für die LGBT-Community einsetzen.

Stand: Oktober 2020
www.alexlehmann.org

Kapitel drei

Suchen Sie Hilfs- oder Beratungsangebote für sich als Elternteil oder zur Unterstützung für Ihr Kind?

Auf *www.nichts-buch.de* finden Sie eine unvollständige Liste von Angeboten unterschiedlicher Vereine oder anderer Institutionen.